5 sencillos pasos para gestionar tus emociones

5 sencillos pasos para gestionar tus emociones

UNA GUÍA PARA LAS ADOLESCENTES:
Cómo soltar los sentimientos negativos y crear una relación feliz contigo misma y con los demás

Libro 1 de 3
Serie Palabras de Sabiduría para Adolescentes

Jacqui Letran
DUNEDIN, FLORIDA

Primera edición: © 26 de junio de 2021
Publicado por primera vez en inglés, en junio de 2020

Este libro está autorizado para su disfrute personal y educación solamente. Nada en este libro debe ser interpretado como un consejo o diagnóstico personal y no debe ser utilizado de esta manera. La información de este libro no debe considerarse completa y no cubre todas las enfermedades, dolencias, condiciones físicas o su tratamiento. Debe consultar con su médico sobre la aplicabilidad de cualquier información proporcionada aquí y antes de comenzar cualquier programa de ejercicio, pérdida de peso o cuidado de la salud.

Todos los derechos reservados. Ninguna parte de esta publicación puede ser reproducida, distribuida o transmitida en cualquier forma o por cualquier medio, incluyendo fotocopias, grabaciones u otros métodos electrónicos o mecánicos, sin el permiso previo por escrito del editor, excepto en el caso de breves citas incorporadas en reseñas críticas y algunos otros usos no comerciales permitidos por la ley de derechos de autor.

Contenido

5 sencillos pasos para gestionar tus emociones 1
Pregunta 1: ¿Qué estoy sintiendo? 9
Pregunta 2: ¿Por qué me siento así? 17
Pregunta 3: ¿Esta emoción es útil por alguna razón? 25
Pregunta 4: ¿Cómo puedo ver esto de forma diferente?29
Pregunta 5: ¿Prefiero tener razón o ser feliz? 35
Más estudios de casos 43
Prepárate para recuperar tu felicidad 65
Cómo ser feliz 85
5 sencillos pasos para gestionar tus emociones: un diario guiado 99
Lo haría, pero MI MENTE no me deja 103
Libera tu CONFIANZA y aumenta tu AUTOESTIMA 107
Sobre el autor 111

Sección 1: Introducción a los 5 sencillos pasos para gestionar tus emociones

CAPÍTULO 1

5 sencillos pasos para gestionar tus emociones

¿Te sientes frustrada porque un mal acontecimiento puede arruinarte todo el día o incluso toda la semana? ¿Parece que sin importar lo que intentes hacer, no puedes deshacerte de esos pensamientos y sentimientos negativos? En vez de ser capaz de soltar las cosas con facilidad, ¿te aferras a ellas mucho tiempo después de que todo el mundo parece haberlas olvidado?

Si has respondido afirmativamente a estas preguntas, no estás sola. A muchas personas les cuesta dejar ir las cosas. En cambio, cuando algo va mal, repiten ese escenario una y otra vez en su cabeza, lo que hace que se sientan peor consigo mismas o peor con la otra persona o personas implicadas.

Piensa en la última discusión que tuviste con alguien que te haya molestado mucho. ¿Cómo fue? ¿Reprodujiste la discusión una y otra vez y te castigaste por todas las cosas que deseabas haber hecho o dicho de forma diferente? ¿Inventaste conversaciones que ni siquiera tuvieron lugar y te sentiste aún más molesta? ¿Pensaste en otras situaciones similares y caíste en una espiral de tristeza, ira o dolor?

Digamos que después de la discusión, quisiste arreglar las cosas. ¿Pudiste sacudirte esas negatividades para poder hacer lo que querías, o te pesó y frenó tu estado de ánimo? ¿Te sentiste en control de tus emociones o sentiste que tus emociones te controlaban a ti?

A muchas personas les resulta difícil deshacerse de esos sentimientos negativos, incluso cuando quieren dejar ir las cosas. Esto se debe a que no entienden cuánto poder y control tienen sobre sus emociones. Tal vez ésta sea tu situación actual.

Comprender tus sentimientos y saber qué hacer con ellos puede parecer una tarea difícil en este momento. Sin embargo, con las herramientas adecuadas, esta tarea puede resultar manejable e incluso fácil. Cuando utilices los 5 sencillos pasos descritos en este libro -que en realidad son 5 sencillas preguntas- entenderás por qué te sientes de la forma en la que te sientes, y qué puedes hacer para dejar que esos sentimientos desaparezcan. Ya no tienes que dejar que los sentimientos negativos o el mal humor te arruinen el día. En su lugar, puedes hacerte cargo de tu estado de ánimo y centrarte en crear una relación feliz contigo misma y con las personas que te importan.

La gran noticia es que, una vez que entiendas cómo utilizar estas 5 sencillas preguntas, podrás utilizarlas para ayudarte a resolver problemas con cualquier persona, ya sea un padre, un amigo, un conocido o incluso contigo misma.

Para ilustrar cómo puedes utilizar estas 5 sencillas preguntas, veamos un escenario que ocurrió entre mi clienta de dieciséis años, Amie, y su madre, Beth.

Beth está en casa esperando ansiosamente el regreso de su hija, Amie. Son las 10 de la noche, es decir, treinta minutos después del toque de queda de Amie. Amie vuelve a llegar tarde. Beth sigue mirando el reloj. Los minutos parecen horas. Beth se enfada más. Beth no puede entender por qué Amie sigue violando su toque de queda y no respeta sus reglas. Las peleas entre Beth y Amie han ido aumentando en los últimos meses. Después de su última gran discusión, Beth castigó a Amie durante dos semanas porque esta volvió a casa tres horas tarde. Amie hizo todo lo posible por no hablar con Beth durante las dos semanas. Cuando se veía obligada a interactuar, Amie limitaba sus respuestas a una o dos palabras. La ira, la frustración y el resentimiento entre Beth y Amie siguieron creciendo.

En otra pelea, la semana siguiente, Amie le gritó a Beth, acusándola de ser poco razonable, injusta y demasiado estricta con el toque de queda. Entre sollozos, Amie le suplicó a Beth que viera que ya había crecido. Amie le pidió comprensión, confianza y respeto por su capacidad de tomar buenas decisiones por sí misma.

Como muchas de las peleas anteriores, ésta terminó con Amie marchándose enfadada a su habitación y dando un portazo mientras Beth se quedaba de pie, frustrada e impotente.

Desde la última pelea, Beth ha intentado ser más indulgente cuando Amie rompe el toque de queda. En lugar de gritarle a Amie y castigarla, Beth hace lo posible por recordarle con calma el toque de queda. Aunque Beth se siente enfadada y despreciada por dentro, por fuera mantiene el control y le dice a Amie: "No me gusta que llegues tarde a casa. Estaría bien que regresaras a casa a las 10 de la noche. Así podría confiar y respetar más tus decisiones". Al notar que su ira aumenta, Beth sale de la casa y da un paseo para calmarse. Esto ha ocurrido al menos cuatro veces en las dos semanas anteriores.

Beth cree que se está manejando bien, pero la ira y el resentimiento no han desaparecido. De hecho, han ido aumentando. Hoy, ya no puede contenerse. A medida que pasan los minutos, su ira aumenta. Beth recuerda todas las veces que Amie ha violado su confianza o ha actuado de alguna manera arrogante o desagradecida. Beth se pone furiosa.

En el momento en que Amie entra en la casa, Beth le gritó a Amie, diciéndole que está harta de que le falten al respeto. Y añade: "He criado a una hija mucho mejor que tú. No sé qué he hecho para merecer esto. Eres una egoísta. No te preocupas por mí. Todo lo que haces es causarme dolor."

Amie se queda sin palabras y confundida por lo que está pasando. Son sólo las 10:40 de la noche, veinte minutos antes que las veces anteriores, cuando llegaba a casa a las 11 de la noche encontrándose con una madre tranquila y razonable.

Como puedes imaginar, ni la madre ni la hija están contentas con el intercambio. Ambas se sienten enfadadas y decepcionadas.

A lo largo de este libro, examinaremos cómo Beth y Amie utilizaron las 5 sencillas preguntas para cambiar su estado de ánimo soltando los sentimientos negativos y, en última instancia, crear una relación más feliz consigo mismas y con la otra.

RECUERDA: *Aunque son útiles, estas 5 preguntas no pretenden sustituir la ayuda profesional. Si tu situación es difícil de manejar o no sabes cómo proceder, habla con tus padres o con un adulto de confianza y pide ayuda.*

"La felicidad no es algo ya hecho. Viene de tus propias acciones".

~ DALAI LAMA XIV

CAPÍTULO 2

Pregunta 1: ¿Qué estoy sintiendo?

Identificar tus emociones es un primer paso importante para gestionar tu estado de ánimo. Al identificar tu emoción, puedes evaluarla y decidir qué hacer con ella. Con demasiada frecuencia, generalizamos nuestro estado emocional como "malo" o "enojada". En realidad, sentirse "mal" tiene muchos significados. Cuando dices "me siento mal", puedes querer decir "me siento triste", o "me siento sola", o quizás "me siento ansiosa", o incluso "me siento culpable". Del mismo modo, "estoy enfadada" podría significar "estoy decepcionada", o "estoy irritada", o tal vez "estoy molesta", o incluso "estoy furiosa".

Cuando utilizas una palabra general para expresar tus emociones repetidamente, ese término (y esa emoción) se hace más fuerte y se siente cada vez más pesado. Esto hace que sea más difícil cambiar el estado de ánimo o dejar de lado los sentimientos no deseados. Cuando identificas la emoción específica, ésta se vuelve más pequeña, más ligera y mucho más fácil de soltar.

He aquí un ejemplo para ayudarte a entender esta idea con claridad. Imagina un día de mudanza: el día en que empacas tu casa para prepararla. Imagina que pones todo lo que hay en tu dormitorio (tu cama, una cómoda, un armario lleno de ropa, etc.) en una caja gigantesca y la etiquetas como "dormitorio". ¿Serías capaz de mover la caja con facilidad? ¿Sería fácil o difícil encontrar rápidamente los objetos individuales dentro de esta caja? Cuando necesites recuperar un objeto y mirar dentro de esa caja, ¿te parece fácil, o te resulta abrumador o desalentador?

En lugar de una caja gigantesca, ¿qué pasaría si separaras tus pertenencias en muchas cajas pequeñas y las etiquetaras correctamente? Imagina que tienes entre 20 y 30 cajas claramente etiquetadas: ropa de invierno, zapatos, libros, juegos, etc. Si necesitas mover una de esas cajas, ¿serías capaz de moverla fácilmente? ¿Y si necesitas encontrar un par de zapatos? ¿No sería fácil tomar la caja etiquetada como "zapatos" y abrirla?

Lo mismo ocurre con tu estado de ánimo. Cuando empaquetas tus emociones bajo una gran etiqueta, permanecen desordenadas, pesadas e inmanejables. En cambio, tómate un segundo para identificar tus emociones y decidir qué quieres hacer con ellas.

Para Beth y Amie es fácil culpar a la otra persona para sentirse justificadas en su ira. Sin embargo, cuando miraron hacia su interior, descubrieron una serie de emociones y opciones para manejarlas.

Beth dijo sentirse enfadada, irrespetada, decepcionada, resentida, violada, frustrada, no querida, incomprendida, que se aprovecharon de ella y que no es apreciada.

Amie dijo sentirse confundida, enfadada, molesta, decepcionada, triste, temerosa, impotente, no querida, acusada, incomprendida y frustrada.

Beth descubrió que sus emociones más fuertes eran sentirse irrespetada y que se aprovecharon de ella, mientras que Amie se sentía confundida y frustrada.

RECUERDA: *Cuando identificas tu emoción específica, ésta se vuelve más pequeña, más ligera y mucho más fácil de soltar.*

¿Sabías que en el diccionario español hay más de varios cientos de palabras para describir las emociones? Sin embargo, la mayoría de las personas sólo utilizan entre ocho y diez palabras para describir cómo se sienten. Las palabras que escucho con más frecuencia en mi consulta cuando pido a un cliente que describa cómo se siente respecto a sus problemas son: mal, triste, enfadado, herido, decepcionado, ansioso y asustado.

Cuando usas una palabra para expresar una emoción repetidamente, esa emoción se siente grande y difícil de cambiar. Para ayudarte a soltar una emoción negativa más fácilmente, sé específica con tus palabras y desafíate a usar una etiqueta diferente cada vez. Sé creativa, diviértete y prepárate para sorprenderte al descubrir cuánto control tienes sobre tus emociones.

En las siguientes páginas hay una lista de emociones comunes. No se trata de una lista completa de todas las emociones, sino sólo de unas pocas para que pienses en las diferentes formas de expresarte. En la lista, he omitido muchas palabras que podrían hacerte sentir peor porque implican un juicio o sugieren que algo está mal en ti. La idea es que mantengas tu emoción tan ligera como puedas mientras expresas tus sentimientos. Esto ayudará a tu mente a liberarlos más rápidamente.

abrumada	aburrida	acalorada
adormecida	agitada	agobiada
agotada	agravada	agresiva
aislada	alienada	amargada
ambivalente	amenazada	angustiada
ansiosa	apenada	aplastada
aprensiva	arrepentida	asquerosa
asustada	atacada	atascada
aterrorizada	atrapada	aturdida
autoconsciente	avergonzada	bloqueada
cabreada	cansada	celosa
combativa	conmocionada	conflictiva
confundida	consternada	crédula
criticada	culpable	culpada
decepcionada	deprimida	derrotada
desanimada	desconcertada	desconectada
descontenta	descuidada	desesperada
desgastada	desilusionada	desinflada
desorganizada	desquiciada	dolida
dudosa	enfadada	enferma
enfurecida	engañada	envidiosa
equivocada	escéptica	estresada
excluida	forzada	frágil
frenética	frustrada	furiosa
golpeada	gruñona	hastiada

¿QUÉ ESTOY SINTIENDO? | 13

herida	horrorizada	hostil
humillada	ignorada	impaciente
incierta	incómoda	incomprendida
inconveniente	indecisa	indefensa
inhibida	ineficaz	infeliz
inquieta	insegura	insultada
invalidada	irracional	limitada
loca	magullada	mal
molestada	nerviosa	obstaculizada
ofendida	perdida	perezosa
perpleja	pesada	pesarosa
pesimista	preocupada	presionada
privada	provocada	traicionada
recelosa	rencorosa	resentida
responsable	retraída	sobrecargada
socavada	solitaria	sola
sombría	sospechosa	suprimida
tensa	tímida	triste
vacilante	vacía	vigilada

Es tu turno de pensar en otras palabras que puedas utilizar para describir tus emociones negativas. Piensa en las palabras que utilizas y en las que has oído utilizar a otras personas y haz tu propia lista. Incluso puedes inventarte palabras si quieres. Tengo una clienta, Helen, que solía decir: "soy tan estúpida" cada vez que cometía un error, y esa afirmación la hacía sentirse fatal consigo misma. Después de hacer este ejercicio, Helen decidió inventarse sus propias palabras y ahora dice: "Abba tea toe tea" y se ríe cada vez que comete un error. Esas palabras que ha inventado no tienen sentido y son tan divertidas que Helen y sus amigos no pueden evitar reírse y seguir adelante. De hecho, algunas de sus amigas ahora también utilizan las mismas palabras cuando quieren aligerar las cosas.

"Recuerda que la felicidad no depende de quién eres o de lo que tienes, sino únicamente de lo que piensas".

~ DALE CARNEGIE

CAPÍTULO TRES

Pregunta 2: ¿Por qué me siento así?

Responder a esta pregunta te permitirá conocer tu estado de ánimo y conocerte a ti misma. Al igual que la primera pregunta, esta pregunta te permite ordenar tus emociones y te ayuda a liberar los sentimientos negativos que te frenan para que puedas centrarte en recuperar tu felicidad.

¿Cuántas veces has dicho: "No sé por qué me siento [inserta tu emoción aquí] Simplemente lo hago". O quizás has dicho: "Ahora mismo estoy muy ansiosa, pero no sé por qué".

Cuando dices "no sé por qué" en respuesta a la pregunta de alguien sobre tus sentimientos, puede ser una respuesta automática porque no quieres hablar de ello. O, tal vez, no entiendes realmente tus sentimientos porque no te has parado a examinarlos.

Cuando respondes de esta manera, básicamente estás afirmando: "Soy impotente. Mis sentimientos están más allá de mi comprensión y control". Al no entender por qué te sientes así, te conviertes en una víctima de tus sentimientos. También te colocas en una situación de impotencia para cambiarlo.

Puede que te preguntes: "Pero realmente no sé por qué me siento así. ¿Significa eso que soy impotente?". En absoluto. Si te detienes y miras hacia tu interior, encontrarás la razón de por qué te sientes así.

En la vida, sólo hay tres causas para los sentimientos de malestar, y son muy simples:
1. Expectativas no satisfechas
2. Intenciones bloqueadas: algo que te frena o impide lo que te has propuesto o lo que ha sucedido
3. Un error de comunicación o un malentendido que lleva a los números 1 o 2 anteriores

Comprender las causas de tus sentimientos de malestar te ayudará a liberarte de tu carga.

La próxima vez que tengas un desafío en tu relación, respira profundamente y pregúntate
1. ¿Cuáles eran mis expectativas en esta situación? ¿Se cumplieron?
2. ¿Fueron mis expectativas realistas para esta situación? Recuerda que el hecho de que quieras las cosas de una manera determinada, no significa que sea realista.
3. ¿Cuáles eran mis intenciones? ¿Sucedió algo que me impidió completar mis intenciones?
4. ¿Comuniqué claramente mis expectativas o intenciones a los demás?
5. ¿Comprendí las expectativas o intenciones de la(s) otra(s) persona(s)?

Cuando respondas a estas preguntas con sinceridad, encontrarás la razón de tu sentimiento de malestar. Una vez que identifiques tu emoción y la razón que la sustenta, reclamarás tu poder para hacer algo al respecto. Desde un lugar de comprensión y fortaleza, puedes decidir qué hacer que sea lo más adecuado para crear los resultados que deseas.

Beth se siente irrespetada y que se aprovecharon de ella. Después de todo, Amie conocía su toque de queda, pero continuó faltándole el respeto. Beth ha intentado evitar una pelea hablando con calma a Amie, pero en lugar de apreciar esto, Amie se aprovechó de su amabilidad y continuó mostrando una falta de atención.

Cuando Beth se detiene a reflexionar sobre las razones de su sentimiento de malestar, descubre:

1. Esperaba que Amie cumpliera con la hora del toque de queda previamente establecida, y su expectativa no se cumplió.
2. Ella sentía que su expectativa era realista para esta situación.
3. Su intención era evitar una pelea. La continua falta de respeto de Amie le hizo difícil seguir siendo amable y comprensiva.
4. Se dio cuenta de que no había comunicado claramente sus expectativas. Se dio cuenta que cuando dijo: "No estoy contenta cuando llegas tarde a casa. Sería bueno que llegaras a casa a las 10 de la noche. Así podría confiar y respetar más tus decisiones", sin aplicar las consecuencias anteriores, abrió la situación a la interpretación y la confusión.
5. No era consciente de las expectativas o intenciones de Amie.

Amie se siente confundida y frustrada por lo ocurrido. No entiende por qué su madre está enfurecida y la acusa de ser egoísta, de no preocuparse por ella y de causarle dolor, cuando esta noche ha tomado la decisión consciente de hacer que su madre se sienta orgullosa. Amie pensó que habían llegado a un nuevo acuerdo sobre su toque de queda después de la última pelea, cuando le rogó a su madre que le diera un poco de margen. Desde que su madre empezó a comportarse "tranquilamente" cuando Amie llegaba a casa a las 11 de la noche, Amie asumió que esa era la nueva hora del toque de queda. Esta noche, decidió sorprender a su madre llegando a casa antes.

Cuando Amie examina sus sentimientos, descubrió que:
1. *Esperaba que su madre se alegrara de que llegara a casa veinte minutos antes de lo que lo había hecho últimamente.*
2. *Llegó a casa un poco antes de las 11 de la noche para demostrarle a su madre que podía ser responsable de sus decisiones. Estaba orgullosa de sí misma por haber tomado esta decisión y esperaba que su madre le mostrara aprecio y ánimo.*
3. *No comunicó sus intenciones o expectativas. Nunca confirmó la nueva hora del toque de queda. Sólo estaba contenta de que ya no se pelearan y de que su madre empezara a verla capaz de tomar decisiones inteligentes por sí misma.*

Amie se da cuenta de que no entendió del todo las expectativas de su madre. Aunque su madre le había dicho: "Estaría bien que volvieras a casa a las 10 de la noche",

Amie decidió que sólo era una pauta, ya que no había consecuencias como antes.

"Todo lo que somos es el resultado de lo que hemos pensado. La mente lo es todo. En lo que pensamos, nos convertimos".

~ BUDDHA

CAPÍTULO 4

Pregunta 3: ¿Esta emoción es útil por alguna razón?

Muchas emociones no tienen otro propósito que el de agobiarte y mantenerte atrapada en un ciclo de miseria o dolor. Otras emociones tienen propósitos impresionantes y pueden llevarte por el camino hacia tu mejor y más feliz yo.

¿Has conocido alguna vez a alguien que sea muy sensible y que llore con facilidad cuando se enfada? ¿Y a alguien que se enfada por lo más mínimo? ¿Qué tal una persona que es tan ansiosa que le resulta difícil hacer cosas que son sencillas para la mayoría de la gente? Quizá conozcas a alguien así, o quizá ese alguien seas tú, y no sepas qué hacer. Tal vez has estado atrapada en este círculo vicioso de sentimientos pesados y negativos durante tanto tiempo que no sabes cómo salir de él. Tal vez te hayan dicho demasiadas veces que "sólo eres sensible", o que "tienes un problema de ira", o quizás te hayan dicho que "tienes ansiedad social", o que "eres una persona malhumorada".

Escuchar repetidamente etiquetas como éstas puede haber hecho que te las creas. Como crees que son ciertas, puedes pensar que eres así y que no puedes cambiarlo. Tú NO eres tus sentimientos. Tus sentimientos no definen quién eres. De hecho, puedes elegir cómo quieres sentirte en cada situación. Si tienes un sentimiento que no quieres, tienes el poder de dejar ir ese sentimiento y elegir un sentimiento más saludable y más empoderado en su lugar.

Hay muchas veces que puedes tener una emoción negativa, pero esa emoción es útil como herramienta de aprendizaje. Cuando sientas que tu emoción es útil como herramienta de aprendizaje, puedes abrazar el momento y decidir un curso de acción que te traiga los resultados que deseas. A menudo, esto también requiere que identifiques tus emociones para centrarte en las lecciones y en el resultado deseado.

En el caso de Beth y Amie, ambas decidieron que sus emociones las estaban agobiando, provocando un aumento de la tensión en su relación, y no son útiles para ningún propósito. Ambas quieren tener una relación mejor.

RECUERDA: *Tú NO eres tus sentimientos. Ellos no definen quién eres.*

Cuando tengas un sentimiento que no quieres, detente y evalúalo. Una vez que identifiques lo que sientes y por qué te sientes así, así como si ese sentimiento es útil por alguna razón, tendrás una imagen mucho más completa de lo que está pasando. A partir de ahí, puedes hacerte cargo de tus emociones para crear el resultado que deseas.

"Por cada minuto que estás enojado, pierdes sesenta segundos de felicidad".

~ AUTOR DESCONOCIDO

CAPÍTULO 5

Pregunta 4: ¿Cómo puedo ver esto de forma diferente?

¿H as cometido alguna vez un error del que te arrepientes y te sientes culpable? El escenario puede repetirse en tu cabeza una y otra vez, y te sientes fatal por ello. Lo siguiente es pensar en otros errores que has cometido, y el arrepentimiento y la culpa se vuelven más pesados e incluso abrumadores. Es como ver un choque de trenes frente a ti y sentirte impotente para cambiar la situación.

¿Te has dado cuenta también de que aquello en lo que te centras se hace cada vez más grande? Centrarse en un problema es como alimentarlo y darle el poder de crecer. Si no quieres que tu problema crezca, puedes elegir enfocar tu energía y atención en algo diferente. Esto puede lograrse fácilmente cuando te preguntas: "¿Cómo puedo ver esto de manera diferente?", te estás retando activamente a encontrar diferentes formas de ver la misma situación.

Es muy fácil responder a la pregunta "¿Cómo puedo ver esto de forma diferente?" con un "No lo sé" o "No hay manera de ver esta situación de forma diferente". Te animo a que uses tu imaginación, seas creativa y te diviertas ideando respuestas diferentes. Las respuestas que se te ocurran pueden ser algo muy apropiado para la situación, o pueden ser algo totalmente ridículo que te haga reír. La idea es alejar tu mente de los pensamientos y sentimientos negativos que tienes actualmente y dirigirla hacia una dirección más positiva que te permita hacerte cargo de tu situación. Recuerda que todo aquello en lo que centras tu atención se hace más grande. Tienes el poder de alejar tu atención del problema y dirigirla hacia las soluciones.

Beth se da cuenta de que no fue clara en su comunicación con Amie. Además, se da cuenta de que su repentina falta de disciplina podría enviar a Amie el mensaje de que estaba de acuerdo con la nueva hora de llegada.

Amie se da cuenta de que ha decidido convenientemente la nueva hora del toque de queda sin aclararlo con su madre. Aunque sigue creyendo que su madre exageró, Amie puede entender por qué su madre podría sentirse irrespetada y que se aprovecharon de ella.

RECUERDA: *Todo aquello en lo que te concentras se hace cada vez más grande. Centrarse en un problema es como alimentarlo y darle el poder de crecer. DEJA de alimentar las cosas* *que ya no quieres y empieza a centrarte en lo que quieres en su luga.*

"La mayor parte de nuestra felicidad depende de nuestras disposiciones, no de nuestras circunstancias".

~ MARTHA WASHINGTON

CAPÍTULO 6

Pregunta 5: ¿Prefiero tener razón o ser feliz?

Por muy sencillo que suene, la clave de tu felicidad es simplemente elegir ser feliz en lugar de luchar, defender o presionar a la otra persona para que acepte que tienes razón.

Elegir tener la razón sólo te da una sola opción. Como tú tienes razón, la otra persona o personas están por tanto equivocadas. Es muy difícil ser feliz con esta opción porque sitúa el control y el poder fuera de ti misma. Como la culpa es de los demás, y no puedes cambiar a la otra persona, no hay nada que puedas hacer más que revolcarte en tus emociones negativas mientras tienes "razón".

Cuando eliges tener la razón, puede parecer que has ganado. Aunque hayas "ganado" la discusión, probablemente sigas sin ser feliz porque cuando fuerzas tus opiniones y pensamientos sobre alguien, no restableces el equilibrio y la armonía en la relación. La energía negativa persiste.

Cuando eliges ser feliz, te abres a opciones y nuevas posibilidades. Aunque no estés contenta al cien por cien con el resultado, puedes ser lo suficientemente feliz en ese momento. Eso no significa que tengas que conformarte. Sólo significa que, por el momento, eliges dejar de lado el sentimiento negativo y centrarte en un resultado en el que todos salgan ganando. Cuando las cosas se calmen y las emociones estén bajo control, puedes volver a sacar el tema con calma y expresar tus pensamientos y sentimientos de una manera clara que te ayude a entender tu punto de vista. Cuando te expresas con calma y claridad, es más probable que la otra persona te escuche. Es mucho más probable que consigas el resultado que buscas.

Elegir la felicidad te devuelve el poder. Te permite tomar medidas en tu favor, para que puedas mantener tu paz y evitar los sentimientos negativos. Elegir la felicidad te permite preservar y mejorar tus relaciones mientras sigues trabajando para conseguir el mejor resultado para ti y para tus seres queridos.

En el pasado, tanto Beth como Amie optaron por tener razón y se mantuvieron firmes en sus posiciones porque ambas partes veían el compromiso como una "pérdida". Ambas estaban descontentas con el resultado de sus continuas peleas y la creciente ruptura de su relación. Sin embargo, tanto la madre como la hija se sentían impotentes para cambiar la situación porque el problema era la otra persona.

Utilizando las 5 sencillas preguntas como guía, Beth y Amie decidieron dejar de lado sus emociones negativas no deseadas y trabajaron para comprenderse mutuamente y reconstruir su relación.

"¿Prefiero tener razón o ser feliz?" es la pregunta más poderosa que puedes hacerte cuando estás decidiendo qué hacer con tu emoción negativa. Esta pregunta sirve como recordatorio para elegir la felicidad. De hecho, esta pregunta es tan poderosa que puedes usarla sola la mayoría de las veces y aun así obtener el resultado que buscas. Si tienes dificultades para elegir la felicidad utilizando sólo esta pregunta, puedes volver atrás y empezar con las preguntas de la primera a la cuarta. Para cuando llegues a la quinta pregunta, tu mente estará más abierta y aceptará la felicidad.

RECUERDA: *Cuando eliges ser feliz, te abres a opciones y nuevas posibilidades.*

Sección 2:
Más estudios de caso

"La mayoría de la gente es tan feliz como se lo propone".

-~ ABRAHAM LINCOLN

CHAPTER SEVEN

Más estudios de casos

Veamos más escenarios de clientes reales que tuve y veamos cómo han utilizado las 5 sencillas preguntas para cambiar su estado de ánimo dejando ir sus sentimientos negativos para volverse felices. En estos escenarios, sólo presento la información pertinente relacionada con la forma en que estos clientes utilizaron las 5 sencillas preguntas. Dejé de lado la información no pertinente para evitar confusiones y mantener estos ejemplos breves y precisos.

Escenario 1:
Christina y su madre, Amanda

Christina, de 17 años, llegó a casa borracha después de haber estado fuera toda la noche. Cuando su madre, Amanda, abrió la puerta y vio el estado en que se encontraba Christina, se quedó sin palabras.

Tras el shock inicial, Amanda empezó a gritarle a Christina. Al darse cuenta de que Christina estaba demasiado intoxicada para mantener una conversación, Amanda la envió a su habitación para que durmiera. Amanda planeaba hablar con Christina por la mañana cuando estuviera sobria. Amanda ya había pillado a Christina oliendo a alcohol un par de veces ese semestre. Cuando Amanda le preguntó por ello, Christina se desentendió y dijo que sólo había probado un sorbo de cerveza. Le aseguró a su madre que ella era demasiado inteligente para beber. Amanda se sintió reconfortada por la respuesta y no insistió más. Al fin y al cabo, a Christina le iba bien en el colegio y parecía feliz en general.

Cuando Christina llegó a casa borracha esa noche, Amanda se indignó. La indignación continuó hasta la mañana siguiente, cuando madre e hija se sentaron a hablar de lo sucedido. Amanda hizo todo lo posible por mantener la calma durante la conversación.

Christina apenas hizo contacto visual durante la conversación e insistió en que no entendía cuál era el problema cuando "todo el mundo lo hace".

Christina exclamó: "Tengo diecisiete años y medio y en seis meses seré adulta y podré hacer lo que quiera. ¿Por qué no puedes ser realista y aceptar que tengo derecho a tomar mis propias decisiones?".

Al oír esto, la ira de Amanda aumentó y empezó a gritarle a Christina sin parar. Se produjo un sermón de treinta minutos que terminó con Amanda castigando a Christina durante un mes. Además, Amanda le prohibió a Christina salir con sus amigas que "también lo hacían". Para demostrarle a Christina qué tan seria era, Amanda le quitó la llave del coche y el teléfono móvil.

Christina se marchó enfadada, tiró su lámpara por la habitación y puso la música a todo volumen. Amanda se quedó asustada e insegura de cómo manejar la situación. Amanda se encontraba en un estado de incredulidad. La consumían las preocupaciones. Preguntas como: "¿Qué camino ha elegido mi hija? ¿Cómo puede ser tan irresponsable? ¿Cómo será su vida si sigue por este camino? ¿En qué me he equivocado?" inundaban la mente de Amanda. Las imágenes de todo lo malo que podía ocurrirle a Christina mientras estaba borracha pasaron por delante de los ojos de Amanda. Las posibilidades de que Christina se hiciera daño a sí misma o a otra persona hicieron que Amanda se echara a llorar.

En las semanas siguientes, Christina intentó que su madre suavizara el castigo tratando de restarle importancia a la situación. Esto preocupó aún más a Amanda, que se convenció de que Christina no comprendía los efectos de sus acciones y las horribles consecuencias que podían tener.

Con cada intento fallido, Christina se enfadaba más y más con su madre. Su relación empeoraba día a día. Christina se volvió retraída, tanto en casa como en la escuela. Se negaba a hablar con su madre, a hacer sus tareas o a completar sus deberes. Amanda buscó ayuda porque estaba preocupada por el comportamiento de Christina y no sabía cómo resolver la situación.

Veamos cómo Christina y Amanda aplicaron las 5 sencillas preguntas para recuperar su felicidad y arreglar su relación.

Pregunta 1: ¿Qué estoy sintiendo?

Cuando Amanda examina sus sentimientos, se da cuenta de que se siente:
1. Temerosa: Tengo mucho miedo de que Cristina esté cometiendo un error horrible, y que este error pueda arruinar su vida.
2. Abrumada: Hay tanta negatividad, ira y resentimiento en la casa que no sé qué hacer.
3. Culpable: ¿Cómo no pude ver las señales de alarma? La sorprendí con aliento a alcohol en dos ocasiones e ignoré el problema. Además, este año empezó a hacer nuevos amigos y estuvo más retraída. ¿Por qué no lo vi? ¿Por qué no intervine?
4. Inepta: Soy su madre. Soy responsable de criarla correctamente. Quizá no hice lo suficiente por ella. No estaría así si le hubiera prestado más atención.
5. Impotente: Está muy enfadada conmigo. Ni siquiera podemos tener una conversación. ¿Cómo puedo arreglar esto si ni siquiera podemos hablar?

Cuando Cristina examina sus sentimientos, se da cuenta de que se siente:
1. Indignada: Siento que es injusto. Mamá tiene una doble moral. Bebe con sus amigos todo el tiempo. De hecho, el fin de semana pasado llegó achispada a casa.
2. Enfadada: Mamá es tan injusta. Este es su problema, no el mío. Sólo me tomé un par de cervezas. ¿Cuál es el problema? Otros chicos de mi edad estaban bebiendo mucho más. Ella debería estar contenta de que sea lo suficientemente responsable como para parar con dos tragos.

3. Frustrada: ¿No puede ver que soy una adulta? Puedo tomar mis propias decisiones y ella tiene que aceptarlo.
4. Desafiante: Debería irme por mi cuenta. Ya casi tengo dieciocho años. No necesito esta mierda.

Pregunta 2: ¿Por qué me siento así?

Al analizar cada una de las emociones específicas anteriores, Amanda identificó varias áreas de expectativas no cumplidas y de falta de comunicación. Amanda se dio cuenta de que esperaba que su hija fuera lo suficientemente inteligente como para saber que el consumo de alcohol entre menores es ilegal y que no es aceptable en su casa. También esperaba que, debido a su forma de criarla, Christina adoptara los mismos valores y comportamientos. Amanda se dio cuenta de que una gran parte de su temor sobre el futuro de Christina provenía de sus propias malas decisiones cuando era adolescente.

La falta de comunicación también desempeñaba un papel importante en su problema. Amanda disciplinó a Christina porque quería que entendiera la gravedad de la situación. El objetivo de Amanda siempre ha sido ayudar a su hija a convertirse en una adulta sana, responsable y feliz. En lugar de crear una situación de aprendizaje y crecimiento, los gritos, las amenazas y los castigos sólo habían provocado un deterioro en su relación, lo que agravó aún más los problemas.

Cuando Christina se detuvo y evaluó sus emociones, también encontró varias áreas de expectativas insatisfechas y falta de comunicación. En primer lugar, Christina esperaba que su madre no le diera tanta importancia al hecho de que se emborrachara porque, en realidad, Amanda era una madre bastante buena a la que también le gustaba beber y salir de fiesta con sus amigos. Tal vez un sermón severo era necesario, pero no castigarla y quitarle su vida social durante un mes. En segundo lugar, Christina creía que, al tener casi dieciocho años, se le debía permitir tomar sus propias decisiones. Ignoró convenientemente el hecho de que es ilegal que beba hasta los veintiún años.

En cuanto a la falta de comunicación, en el momento en que fue castigada, Christina se enfadó y defendió su caso, en lugar de tomarse el tiempo necesario para entender el punto de vista de su madre. En lugar de responsabilizarse de sus actos, Christina trató de ejercer su independencia y su rabia tirando cosas por ahí e ignorando descaradamente a Amanda. Christina estaba de acuerdo en que su comportamiento agravaba el problema en lugar de resolverlo.

Pregunta 3: ¿Esta emoción es útil por alguna razón?

Aunque tanto Cristina como Amanda estuvieron de acuerdo en que estas emociones eran útiles como punto de partida para discutir y resolver sus diferencias, ambas se dieron cuenta de que no tenía sentido aferrarse al miedo, a la ira o al resentimiento. Ambas están dispuestas a trabajar para dejar ir sus emociones negativas y crear una solución feliz para todos.

Pregunta 4: ¿Cómo puedo ver esto de forma diferente?

Aunque Amanda comprendió que Christina está pasando por un periodo típico de la adolescencia, en el que beber alcohol empieza a ser "genial" para muchos, todavía se tenía que abordar la gravedad de esa decisión. En lugar de pensar y enfocarse en todos los peores escenarios sobre la destrucción de la vida de Christina, y entrar en el miedo y el agobio, Amanda podría haber utilizado su energía para idear formas efectivas de comunicarse con su hija de una manera que genere confianza y al mismo tiempo se mantenga firme en sus reglas. Amanda también podría entender el mensaje de doble moral que estaba transmitiendo al llegar ella misma a casa achispada.

Amanda le recordó a Christina que había una larga historia familiar de alcoholismo y le explicó que su miedo se basaba en gran medida en eso. Además, Amanda le reveló a Christina algunos problemas de su propia adolescencia para ayudarle a entender de dónde venía su miedo.

El hecho de que le recordaran la historia familiar y de que escuchara las historias del problemático pasado de Amanda ayudó a Christina a entender la reacción de su madre y le permitió sentirse más cercana a ella. Christina finalmente comprendió que el miedo y las reacciones de su madre provenían de un lugar de profundo amor y preocupación por su seguridad y felicidad.

Además, cuando examinó sus propias reacciones, Christina pudo ver cómo sus acciones amplificaban las preocupaciones de su madre y provocaban una mayor ruptura en su relación.

Pregunta 5: ¿Prefiero tener razón o ser feliz?

Tener una conversación honesta y abierta ayudó a madre e hija a liberar su ira y frustración. Tanto Amanda como Christina saben que les queda trabajo por delante para arreglar su relación, pero ambas se sintieron positivas y seguras al saber que pueden dejar de lado sus diferencias y reconstruir su relación.

Las 5 sencillas preguntas son una poderosa herramienta para ayudarte a entender tus emociones y resolver las discusiones o desacuerdos de una forma más positiva y productiva, una forma que preserva, e incluso mejora, las relaciones.

Escenario 2:
Amanda contra Amanda

Ahora que has visto cómo se pueden utilizar las 5 sencillas preguntas para resolver las discusiones con los demás, veamos cómo puedes utilizar estas mismas cinco preguntas para ayudarte a liberar los sentimientos negativos que puedas tener contra ti misma.

Volvamos al ejemplo anterior y veamos cómo Amanda utilizó estas 5 sencillas preguntas para liberarse de sus juicios contra sí misma.

Amanda se dio cuenta de que, además de los sentimientos negativos que tenía contra Cristina, tenía una cantidad significativa de juicios contra sí misma. Estos juicios negativos sobre sí misma estaban nublando su capacidad de ser madre, haciendo que dudara de sus esfuerzos y que dudara de sus acciones. Esto la llevó a tener una mala calidad de sueño, menos energía durante el día para concentrarse en su trabajo y una infelicidad general.

Para liberarse de sus juicios contra sí misma y recuperar su felicidad, Amanda se aplicó a sí misma las 5 sencillas preguntas.

Pregunta 1: ¿Qué estoy sintiendo?

1. Temerosa: Tengo mucho miedo de que Christina esté cometiendo un error horrible, y que este error pueda arruinar su vida.
2. Abrumada: Hay tanta negatividad, ira y resentimiento en el hogar que no sé qué hacer.
3. Culpable: ¿Cómo no pude ver las señales de alarma? La sorprendí con aliento a alcohol en dos ocasiones e ignoré el problema. Además, este año empezó a hacer nuevos amigos y estuvo más retraída. ¿Por qué no lo vi? ¿Por qué no intervine?
4. Inepta: Soy su madre. Soy responsable de criarla correctamente. Quizá no hice lo suficiente por ella. No estaría así si le hubiera prestado más atención.
5. Impotente: Está tan enfadada conmigo que ni siquiera podemos tener una conversación. ¿Cómo puedo arreglar esto si ni siquiera podemos hablar?

Pregunta 2: ¿Por qué me siento así?

Amanda se dio cuenta de que muchos de sus juicios negativos sobre sí misma, el miedo y la culpa se basaban en los errores que ella había cometido cuando era adolescente. Amanda no se dio cuenta de la presión y las expectativas que había puesto en Christina porque no quería que cometiera los mismos errores.

Pregunta 3: ¿Esta emoción es útil por alguna razón?

Amanda se dio cuenta enseguida de lo perjudicial que era mantener estos juicios contra ella misma. No tiene sentido aferrarse a esas emociones.

Pregunta 4: ¿Cómo puedo ver esto de forma diferente?

Amanda se dio cuenta de que sus juicios sobre sí misma como inepta e impotente no eran ciertos y sólo servían para aumentar su agobio y su miedo. Amanda ha hecho un trabajo fantástico como madre, sacrificando mucho para que Christina pudiera tener una gran vida. Amanda se dio cuenta de que, independientemente de cómo sea ella como madre, Christina es su propia persona y cometerá errores mientras aprende a entender quién es y mientras crea su propio sistema de valores. Amanda también se dio cuenta de que podía ser mejor como madre y ayudar a Christina a tomar mejores decisiones si le explicaba las razones de sus normas, en lugar de decir "porque eso es lo que espero".

Pregunta 5: ¿Prefiero tener razón o ser feliz?

Esta fue fácil para Amanda. Eligió la felicidad para ella y para su hija.

Utilizando las 5 sencillas preguntas, Amanda se desprendió fácilmente de sus juicios negativos hacia sí misma, lo que le permitió ser más feliz y productiva, tanto en el trabajo como en casa.

Escenario 3: Kelly contra Kelly

Kelly, de 17 años, perdió su virginidad con un hombre mayor que ella que había conocido en la biblioteca hace un mes. Al principio, Kelly ignoró los intentos de Steve por hablar con ella. La persistencia de Steve dio sus frutos y empezaron a charlar cuando ella se tomaba un descanso de sus estudios. Steve era simpático y siempre se esforzaba por elogiar a Kelly tanto por su inteligencia como por su belleza. Cuando Steve le pidió a Kelly una cita, ella lo rechazó. Steve era mucho mayor y Kelly no estaba segura de la sinceridad de su actitud.

Día tras día, Steve se presentaba en la biblioteca sólo para hablar con Kelly. Nunca hubo presión, sólo charlas amistosas. Después de dos semanas de esto, Kelly decidió que estaba bien dar un paseo con él alrededor del lago junto a la biblioteca.

Kelly se sorprendió de lo bien que se lo pasó hablando con él. Steve mostró un interés genuino y se preocupó por Kelly. Hacia el final del paseo, Steve se acercó a Kelly para darle un beso. Kelly disfrutó mucho del beso y del incipiente romance entre los dos.

A la semana siguiente, Steve le confesó que no dejaba de pensar en ella y que, de hecho, se había enamorado de ella. Kelly se puso muy contenta porque sabía que también se había enamorado de Steve. Esa semana, Kelly se saltó sus estudios en la biblioteca para poder salir con Steve.

Kelly sabía que sus padres no aprobarían a Steve por su edad, así que lo mantuvo en secreto tanto para sus padres como para sus amigas. Eso hizo que todo el romance fuera aún más emocionante. Steve y Kelly compartían un secreto que sólo ellos dos conocían.

Cuando Steve le pidió que no fuera a la escuela el lunes siguiente para que pudieran pasar todo el día juntos, Kelly estaba eufórica. No podía pensar en nada más que en pasar tiempo con Steve. Él la recogió puntualmente a las siete y media de la mañana en el aparcamiento del instituto y la llevó a un hotel de lujo. Dijo que quería mimarla y darle todas las cosas especiales que se merecía. Esa mañana, pidieron el desayuno al servicio de habitaciones, algo que Kelly nunca había hecho antes. Steve tenía mucha clase y no se parecía a ninguno de los chicos con los que Kelly había salido. Después del desayuno, fueron a la playa y recogieron conchas marinas y jugaron en el agua.

Después de comer, volvieron al hotel para acurrucarse y ver una película. Los arrumacos se convirtieron en intensos besos y terminaron con Kelly aceptando tener sexo con Steve. El día fue tan perfecto en todos los sentidos; Kelly no quería que terminara nunca.

Cuando Steve llevó a Kelly de vuelta a la escuela, la besó suavemente y le dijo que no podía esperar a verla en la biblioteca de nuevo mañana. Steve también le pidió a Kelly que pensara en cómo le gustaría pasar su próxima cita juntos.

Kelly estuvo en las nubes durante el resto del día. Repitió una y otra vez en su mente los hermosos detalles de su día romántico y de su relación amorosa.

Al día siguiente, Kelly no pudo concentrarse en sus clases. Seguía fantaseando con su próxima cita y no podía esperar a contarle a Steve lo que quería hacer.

Kelly corrió emocionada hacia las escaleras de la biblioteca justo después de las clases. Sabía que Steve estaría justo en la entrada esperándola como lo había hecho durante las últimas tres semanas. Cuando llegó a la entrada, Steve no estaba allí. Kelly esperó y esperó. Después de dos horas y un sinfín de mensajes, Steve seguía sin aparecer. Kelly estaba muy preocupada, pero sabía que tenía que volver a casa. Esta escena se repitió durante el resto de la semana. Kelly enviaba mensajes de texto ansiosos a Steve cada vez que podía. Para su consternación, no había respuesta. Kelly se dio cuenta de que se había metido tanto en el secreto de su romance que no conocía a ninguno de sus amigos ni dónde vivía. Kelly se sintió impotente. No sabía qué hacer ni con quién podía hablar. Estaba segura de que algo malo le había ocurrido a su amor. Pensó en hablar con su madre y pedirle ayuda, pero el miedo a meterse en problemas la detuvo.

Ese viernes, mientras Kelly estaba sentada en su lugar habitual en la biblioteca esperando a Steve, escuchó a una chica hablando con su amiga sobre un hombre mayor que había conocido la semana pasada. Entre lágrimas, la chica le contó a su amiga cómo ese hombre mayor la había engañado para tener sexo haciendo que se enamorara de él. Su descripción del hombre y sus acciones coincidían exactamente con las de Steve. Incluso el término cariñoso con el que Steve la había llamado: "cara de muñeca", era el mismo.

El corazón de Kelly se hundió, y supo que ella también había sido engañada por este hombre. Salió corriendo de la biblioteca llorando. Kelly estaba en estado de shock. Se dio cuenta de que la habían utilizado. Había confiado tontamente en un hombre que apenas conocía. Kelly estaba enfadada consigo misma por ser tan estúpida e ingenua. No sabía qué hacer ni a quién recurrir. Hablar con sus padres no era posible: temía las consecuencias de que sus padres descubrieran que había perdido la virginidad. Temía aún más las consecuencias de sus actos. Perdida en el especial momento romántico, Kelly había accedido a mantener relaciones sexuales sin protección. Las posibilidades de embarazo y de enfermedades de transmisión sexual la asustaban.

Durante las siguientes semanas, lo único que Kelly podía hacer era llorar y dormir. Los padres de Kelly intentaron hablar con ella, pero no les dijo nada. Por suerte, Kelly accedió a hablar con un profesional y sus padres la llevaron a buscar ayuda.

Al principio, Kelly se mostró reacia a compartir mucho. Después de tranquilizarla, Kelly se abrió y compartió lo que había sucedido. Recordó que su conmoción se convirtió rápidamente en tristeza, que a su vez se convirtió en ira. Estaba enfadada con él por haberla engañado y enfadada consigo misma por haber sido estúpida.

Kelly no creía que estuviera dispuesta o fuera capaz de dejar de lado su ira. De hecho, tenía miedo de dejar ir su rabia porque temía que la volvieran a engañar si bajaba la guardia. Después de tranquilizarla, Kelly estuvo dispuesta a utilizar las 5 sencillas preguntas para ayudarle a ser feliz de nuevo.

Pregunta 1: ¿Qué estoy sintiendo?

Cuando Kelly examinó sus sentimientos, dijo que se sentía enfadada (consigo misma y con Steve), decepcionada y temerosa de las consecuencias.

Pregunta 2: ¿Por qué me siento así?

Kelly identificó las tres causas de malestar como las razones de sus sentimientos de ira, decepción y miedo. La primera razón, y la más importante, eran las expectativas no cumplidas. Había confiado plenamente en Steve y había esperado que fuera honesto y fiel a sus palabras. Había esperado que fueran una pareja que se preocupara profundamente por el otro y que hacer el amor fuera un aspecto natural de compartir ese amor.

En cuanto a la falta de comunicación, Steve había engañado a Kelly a propósito y la había manipulado. Sin embargo, Kelly reconoció que hizo muchas suposiciones basadas en sus acciones. Ni una sola vez hablaron de ser exclusivos o de planes reales a futuro. Kelly se dio cuenta de que había idealizado mucho y había creado un romance que, de hecho, fue amplificado por su constante ensoñación.

Las intenciones bloqueadas también entraron en juego para Kelly. Kelly tenía toda la intención de continuar con este romance prohibido y había ideado varios escenarios de cómo podrían hacer que esta relación funcionara. Las mentiras y el engaño de él frustraron sus intenciones de ser felices para siempre.

Pregunta 3: ¿Esta emoción es útil por alguna razón?

Al principio, Kelly creía de verdad que aferrarse a la rabia, la decepción y el miedo la ayudaría a aprender la lección y evitaría cometer el mismo error en el futuro. Después de examinar la situación más a fondo, Kelly se dio cuenta de que sólo se estaba torturando a sí misma al aferrarse a estas emociones. Se dio cuenta de que ya había aprendido la lección y estaba segura de que no repetiría el mismo error. Estas emociones negativas sólo sirvieron para retenerla y robarle la confianza y la alegría.

Pregunta 4: ¿Cómo puedo ver esto de forma diferente?

Kelly tuvo que aceptar la situación. En lugar de seguir culpándose a sí misma, Kelly decidió aceptar que había cometido un error por confiar en alguien a quien apenas conocía. Sin embargo, ese error no la convertía en ingenua o estúpida. El hecho era que este hombre mayor se aprovechaba de las chicas jóvenes. Era tan amable y atento que era difícil saber que no era sincero. Kelly estaba de acuerdo en que culparse a sí misma y aferrarse a la ira y la decepción sólo le impediría sanar y seguir adelante.

Además, Kelly podía ver el peligro potencial de guardarse esto para sí misma. Aunque Kelly sabía que eso molestaría a sus padres, también sabía lo mucho que la querían. Kelly necesitaba el apoyo y la orientación de sus padres ahora más que nunca. Al fin y al cabo, había tenido relaciones sexuales sin protección con un desconocido que probablemente estaba teniendo relaciones sexuales sin protección con otras chicas. Kelly necesitaba cuidar su salud física y también su salud emocional. Al final de la sesión, Kelly aceptó compartir toda la historia con sus padres.

En lugar de seguir viendo a sus padres como una fuente de posibles problemas, Kelly decidió ver a sus padres como verdaderos aliados.

Pregunta 5: ¿Prefiero tener razón o ser feliz?

Kelly decidió que no tenía sentido seguir castigándose. Sí, había caído en sus trucos, pero el hombre era un maestro de la manipulación. Kelly decidió que era hora de dejar de lado la ira y la decepción hacia ella misma y aceptó la situación como una poderosa lección de aprendizaje.

Kelly decidió perdonarse a sí misma y volver a centrar su energía y su atención en las cosas que le daban alegría.

Después de hablar con sus padres, Kelly se sintió aún más cerca de ellos que antes. Lo mejor de esta horrible situación fue que ayudó a Kelly a recordar cuánto la quieren y la apoyan sus padres.

Una vez que Kelly decidió liberar sus emociones negativas y centrarse en su felicidad, Kelly y sus padres buscaron atención médica y notificaron a la policía sobre Steve y sus acciones depredadoras. Al principio, Kelly era reacia a hablar con la policía porque no tenía mucha información sobre Steve y temía que no le creyeran. Sin embargo, los agentes con los que habló fueron muy comprensivos y le aseguraron que harían todo lo posible por localizar y enjuiciar a Steve. Tomar estos pasos devolvió el poder a Kelly y la ayudó a dejar de lado su miedo y a seguir adelante.

"Cuando guardas resentimiento hacia otro, estás atado a esa persona o condición por un vínculo emocional más fuerte que el acero.

El perdón es la única manera de disolver ese vínculo y liberarse".

~ CATHERINE PONDER

Sección 3: Prepárate para recuperar tu felicidad

CAPÍTULO 8

Prepárate para recuperar tu felicidad

¿Estás preparada para utilizar las 5 sencillas preguntas para recuperar tu felicidad? Puedes utilizar las siguientes páginas para trabajar con algunos desafíos que estás enfrentando, para poder resolverlos de manera positiva.

Piensa en una pelea o desacuerdo reciente que hayas tenido y sobre el que todavía tengas una cantidad significativa de sentimientos negativos. Recuerda que esto es para ti, así que responde a las siguientes preguntas con sinceridad para ti misma. Para maximizar tus resultados, se creativa al responder a las preguntas. Ponte en el lugar de la otra persona y ve las cosas desde su perspectiva. Anota todos los detalles importantes del desacuerdo.

Anota todos los detalles importantes del desacuerdo.

_____

_____

_____

Pregunta 1: ¿Qué estoy sintiendo?

Para este ejercicio, es importante que te centres en tus sentimientos y no en tus pensamientos. Las palabras "pensar" y "sentir" suelen utilizarse indistintamente, pero existe una importante distinción entre ellas. El diccionario Merriam-Webster define un pensamiento como: "una idea u opinión producida por el pensamiento o que ocurre repentinamente en la mente". Mientras que un sentimiento se define como: "un estado o reacción emocional". Por tanto, un pensamiento se refiere a un proceso mental, y un sentimiento a un proceso emocional. A menudo utilizamos términos vagos para describir nuestros sentimientos, y solemos confundir los pensamientos con los sentimientos; a menudo no reconocemos nuestros verdaderos sentimientos. Así, los sentimientos tienden a esconderse bajo la superficie, escondidos tan profundamente en la parte subconsciente de tu mente que ni siquiera tú eres consciente de ellos. Si no resuelves tus sentimientos, seguirán ocultos en el fondo y afectarán a tu forma de pensar y actuar.

He aquí un ejemplo para demostrar por qué es importante diferenciar un sentimiento de un pensamiento. Digamos que tienes un fuerte sentimiento de miedo cuando se trata de serpientes. Normalmente, cuando piensas en las serpientes, piensas: "las serpientes son tan repugnantes. Se me revuelve el estómago sólo de pensar en ellas". Hoy, quieres cambiar eso, así que has cambiado tus pensamientos a: "Las serpientes están bien. Puedo pensar en ellas. No es un gran problema". Bueno, esa es una gran actitud, pero en el momento en que piensas en serpientes deslizándose cerca de ti, o que te sacan la lengua, retrocedes con miedo, se te revuelve el estómago y piensas: "Esto no funciona. Las serpientes son asquerosas".

Si cambiaras tu sentimiento de miedo a indiferente, tus reacciones serían diferentes. Cuando te sientes indiferente con respecto a las serpientes, puede que tengas pensamientos desagradables sobre ellas aquí y allá, pero puedes deshacerte fácilmente de ellos.

Dado que "sentir" y "pensar" se utilizan a menudo indistintamente, ¿cómo puedes identificar con cuál te estás enfrentando?

Recuerda que los sentimientos son estados emocionales. Algunos ejemplos de sentimientos que puedes experimentar son: enfado, tristeza, decepción, miedo, frustración, estrés, soledad, rechazo o ansiedad.

Estos son ejemplos de pensamientos que puedes tener que suenan como sentimientos:
- Siento que me ha mentido.
- Siento que se equivocó.
- Siento que nada cambiaría, así que ¿para qué molestarse?
- Siento que no sé cómo arreglar esto.

Ninguno de los cuatro ejemplos anteriores refleja un estado emocional. Todos son procesos mentales.

Una forma de comprobar si se trata de un sentimiento es sustituir la palabra "sentir" por la palabra "pensar". Si la nueva frase con la palabra "pensar" tiene sentido, lo más probable es que se trate de un pensamiento. Si la nueva frase no tiene mucho sentido, es probable que se trate de un sentimiento.

Veamos algunos ejemplos:

"Siento que soy una decepción para los demás" se convierte en "Pienso que soy una decepción para los demás".

La nueva frase tiene sentido, así que es probable que sea un pensamiento.

He aquí otro ejemplo de un pensamiento que suena como un sentimiento: "Siento que no le agrado a nadie". Al sustituir "siento" por "pienso", la nueva frase se convierte en "Pienso que no le agrado a nadie". De nuevo, esta frase tiene sentido, así que se trata de otro pensamiento.

Veamos un enunciado de sentimiento verdadero: "Me siento triste". Si sustituyes "sentir" por "pensar", obtienes: "Pienso que estoy triste". La nueva frase no tiene mucho sentido, así que la frase original expresa, de hecho, un sentimiento.

Cuando te das cuenta de que se trata de un pensamiento, ¿cómo puedes ir más allá para descubrir el sentimiento que hay detrás? Para encontrar el sentimiento, pregúntate "¿y eso me hace sentir ___?" después de cada frase que hayas identificado como un pensamiento.

En el ejemplo anterior, "pienso que no le agrado a nadie", puedes añadir "y eso me hace sentir ___". Digamos que tu respuesta es: "y eso me hace sentir sola". Vamos a revisar esta frase para ver si es un sentimiento o un pensamiento.

Cuando sustituyes "sentir" por "pensar" obtienes: "y eso me hace pensar sola". Esta nueva frase tiene poco sentido. Por lo tanto, se trata de un sentimiento.

Digamos que tu respuesta fue "y eso me hace sentir que no puedo confiar en nadie". Sustituyendo "sentir" por "pensar" obtienes "y eso me hace pensar que no puedo confiar en nadie". La nueva frase tiene sentido, así que se trata de otro pensamiento.

Sigue preguntándote "¿y eso me hace sentir___?" y analizándolo hasta que identifiques tu sentimiento. Otra forma fácil de asegurarte de que estás tratando con un sentimiento es completar la frase "me siento" con una sola palabra emocional. Puedes volver a las páginas diez y once y elegir una o varias palabras de la lista que mejor describan tu estado emocional actual. Escribe todas las emociones que estás sintiendo. Recuerda que debes ser lo más específica posible. En lugar de quedarte con el genérico "me siento mal". Trabaja para identificar tus verdaderos sentimientos, como por ejemplo: "Me siento herida. Me siento molesta. Me siento desanimada".

_____
_____
_____
_____
_____
_____
_____
_____
_____
_____
_____
_____
_____
_____
_____
_____
_____
_____

A continuación, sustituye "sentir" por "pensar" para ver si estás realmente lidiando con un sentimiento. (Puedes saltarte esto si has identificado tus emociones en la lista de las páginas diez y once).

Pregunta 2: ¿Por qué me siento así?

Cuando utilices esta pregunta con la intención de recuperar tu felicidad, céntrate en identificar con cuál de las tres causas de malestar estás tratando, en lugar de justificar tus emociones. Recuerda que las tres causas pueden estar implicadas. Aquí tienes un rápido recordatorio de las tres causas de los sentimientos de malestar:
1. Expectativas insatisfechas
2. Intenciones bloqueadas: algo que te detiene o te impide hacer lo que te has propuesto lograr o hacer realidad
3. Una mala comunicación o un malentendido que lleva al número 1 o al 2 mencionados anteriormente

Si necesitas un recordatorio más detallado de cuáles son las tres causas de los sentimientos de malestar y por qué es importante identificarlas, puedes volver a revisar el capítulo tres.

Aquí tienes un ejemplo de justificación de tus sentimientos: "Estoy enfadada porque no me ha devuelto el jersey a pesar de que se lo he pedido tres veces".

En cambio, puedes decir: "Estoy enfadada porque cuando le presté el jersey, le pedí que se comprometiera a devolvérmelo el viernes. Ella no cumplió con la expectativa que habíamos establecido".

Utiliza los espacios en blanco de abajo para enumerar todos tus sentimientos y las razones de los mismos.

Me siento _____ porque

_____
_____
_____
_____
_____
_____
_____

Me siento _____ porque

_____
_____
_____
_____
_____
_____
_____

Me siento _____ porque

_____
_____
_____
_____
_____
_____
_____

Pregunta 3: ¿Esta emoción es útil por alguna razón?

Al principio, muchas personas dirán: "Sí, mi emoción negativa es útil", y dirán algo parecido a:
1. Necesito hacer pagar a la otra persona.
2. No quiero parecer débil.
3. Si los perdono, volverán a hacerlo o pensarán que soy estúpida.
4. No quiero volver a cometer el mismo error.
5. Me han hecho mucho daño y no puedo dejarlo pasar.

En realidad, aferrarse a las emociones negativas sólo te perjudica. Piénsalo. Cuando te aferras a tus emociones negativas, te sientes pesada y agobiada. Te dificulta pensar en otra cosa o divertirte. ¿Realmente quieres darle a otra persona el poder de controlar tu felicidad?

Perdonar no significa que estés de acuerdo con lo que han hecho. Perdonar significa recuperar tu poder y decir: "Soy lo suficientemente fuerte como para dejar pasar esto y poder ser libre para centrarme en lo que es importante para mí".

Pregúntate si esta emoción es útil por alguna razón. Si tu respuesta es afirmativa, escribe cómo te ayuda. Después, vuelve a repasar lo que has escrito y comprueba si realmente lo hace. ¿Aferrarte a esos sentimientos negativos realmente te libera y te permite hacer las cosas que realmente quieres hacer?

Si es así, ¡genial! Si no es así, tal vez sea el momento de dejarlo ir.

_____
_____
_____
_____
_____

Pregunta 4: ¿Cómo puedo ver esto de forma diferente?

Ya sabes cómo te sientes sobre la situación, así que utiliza tu imaginación para idear formas creativas de ver la situación de forma diferente. Aquí hay varias maneras de ayudarte a cambiar tu perspectiva de forma rápida y sencilla.

1. Por un momento, ponte en el lugar de la otra persona y ve las cosas desde su perspectiva. Pregúntate: "¿Qué puede estar pasando en la vida de esta persona que le hace pensar, sentir o reaccionar así?".
2. Si eso es demasiado difícil de hacer, elige una persona o incluso un personaje inventado que admires e imagina cómo vería la situación. Por ejemplo: "¿Cómo pensaría o se sentiría mi padre ante esta situación?" o "¿Cómo pensaría o se sentiría Superman ante esta situación?".
3. También puedes imaginar que estás viendo una película y que la situación es una escena de esa película. ¿Cómo verías entonces esa situación de forma diferente?
4. Tal vez puedas fingir que tu mejor amiga o la persona que más quieres acaba de vivir tu misma situación. ¿Cómo verían la situación? ¿Qué harían de forma diferente?

Utiliza tu imaginación para crear tres versiones diferentes de cómo ver esta situación de forma diferente.

Versión 1:
_____
_____
_____

Versión 2:

Versión 3:

Pregunta 5: ¿Prefiero tener razón o ser feliz?

Esta pregunta es difícil para muchas personas cuando la leen por primera vez porque piensan que son felices cuando tienen la razón. Hay muchas ocasiones en las que tienes razón y eres feliz. Sin embargo, cuando estás lidiando con una emoción negativa como la ira o la decepción, elegir tener la razón y aferrarte a esa emoción también significa que renuncias a tu verdadera felicidad.

Piensa en ello. Cuando eliges tener razón y te aferras a tus emociones negativas, ¿eres realmente feliz? ¿Se reconciliaron tú y la otra persona y ambos se sienten bien con el resultado o sigues teniendo una sensación de tensión o desconexión entre tú y la otra persona?

Recuerda que ser feliz no significa que te salgas con la tuya. Significa que eliges dejar de lado las diferencias o soltar tus emociones negativas para poder centrarte en crear lo que realmente quieres.

Pregúntate a ti misma: ¿Estoy preparada para dejar de sentirme _____ para poder ser feliz en su lugar?

Si tu respuesta es afirmativa, el siguiente capítulo podría ayudarte a recuperar tu felicidad.

Si has respondido que no, pregúntate: ¿Qué es lo que temo que ocurra si dejo de sentirme _____? Luego vuelve a responder a las preguntas del uno al cinco.

Te mereces ser feliz, y la felicidad es simplemente una elección. Siempre que sea posible, elige la felicidad para ti.

Puede que te preguntes: "Bien, he decidido ser feliz, pero no me siento mejor. ¿Y ahora qué? ¿Cómo puedo dejar pasar las cosas y seguir adelante?".

Decidir ser feliz es un paso crucial para serlo. Una vez que has decidido ser feliz, puedes empezar a actuar para lograrlo. En la cuarta sección, hablaremos de tres técnicas que puedes utilizar para recuperar tu felicidad.

*"Cuando perdonas,
no cambias de ninguna manera el pasado...
pero sí cambias el futuro".*

~ BERNARD MELTZER

CAPÍTULO 9

Cómo ser feliz

¿Y si, de hecho, elegiste ser feliz, pero todavía te cuesta dejar ir las cosas? ¿Qué puedes hacer?

Una forma de ser feliz es centrar tu atención y energía en hacer algo que realmente te guste. Esto le dice a tu mente que, aunque las cosas no vayan como tú quieres, sigues siendo tú quien controla tus sentimientos y puedes elegir hacer lo que te hace feliz.

Esto no es lo mismo que fingir que no estás molesta y deprimida. Esto es elegir activamente hacer lo que te gusta y alimentar esa energía positiva para ayudarla a crecer.

RECUERDA: *Aquello en lo que te enfocas se hace cada vez más grande. En lugar de centrarte en el problema, céntrate en algo que te guste y deja que esa buena sensación crezca.*

Reclama tu felicidad, opción 1:

Anota todas las cosas que se te ocurran que disfrutes hacer y que te resulten divertidas o relajantes. Piensa en cosas que te hagan sonreír, reír o te llenen de motivación, felicidad o positividad.

He aquí algunos ejemplos:
Me gusta ver vídeos divertidos de gatos, escuchar música, leer un libro, hacer ejercicio, ir a la playa, hablar con mis amigos, jugar videojuegos, bailar y hacer senderismo

Tu turno:
Haz una lista de las cosas que te gustan hacer. Piensa en todas las que se te ocurran. Cuando quieras recuperar tu felicidad, echa un vistazo a esta lista, elige una o dos cosas y haz las actividades que te gustan.

Sigue añadiendo a esta lista a medida que encuentres más cosas que te den felicidad.

_____

_____

_____

_____

_____

_____

_____

_____

_____

_____

Reclama tu felicidad opción 2:

Otra opción es estar totalmente presente en tu problema. Empieza por reconocer y aceptar que las cosas no son como tú quieres. Sin embargo, en lugar de enfadarte y permitir que tus emociones te controlen, toma el control. Pregúntate: "¿Qué me gustaría que ocurriera y qué cosas son las que puedo hacer ahora mismo para avanzar en esa dirección?". Esto devuelve el poder a tus manos, ya que centras tu energía en trabajar hacia una solución en lugar de sentirte impotente o como una víctima.

Cuando no te gusta tu situación actual y quieres ser feliz, puedes elegir centrarte en las soluciones en lugar de en el problema.

El primer paso es decidir cómo te gustaría que se resolviera la situación. Estaría bien que la situación se arreglara o cambiara exactamente a tu gusto, pero lo más probable es que eso no ocurra de inmediato. Así que céntrate en tus objetivos a corto plazo.

Pregúntate, "¿Con qué puedo ser lo suficientemente feliz ahora mismo, sabiendo que esto es sólo un paso inicial hacia mi objetivo final?"

_____

_____

_____

_____

_____

_____

_____

A continuación, pregúntate: "¿Qué cosas puedo hacer ahora mismo para avanzar hacia mi resultado deseado?"

Reclama tu felicidad opción 3:

1. Otra forma de crear felicidad y centrarte en las soluciones es utilizar el método "EMPEZAR, DEJAR y CONTINUAR".
2. En primer lugar, debes identificar tus objetivos a corto plazo. Pregúntate: "¿Con qué puedo elegir ser lo suficientemente feliz ahora mismo, sabiendo que esto es sólo un primer paso hacia mi objetivo final?"
3. En segundo lugar, pregúntate: "¿Qué podría elegir EMPEZAR a hacer para ayudarme a alcanzar mis objetivos?".
4. Tercero, pregúntate: ¿Qué podría elegir DEJAR de hacer para ayudarme a alcanzar mis objetivos?"
5. En cuarto lugar, pregúntate: "¿Qué podría elegir CONTINUAR haciendo para ayudarme a alcanzar mis objetivos?"
6. Por ejemplo, digamos que tú y tu madre han estado peleando porque ella siente que no estás tomando en serio tus tareas escolares. Digamos también que sí te tomas en serio tus tareas escolares, pero que tienes problemas con las matemáticas y no quieres admitirlo, o no sabes cómo pedir ayuda. Tu madre está frustrada porque tus calificaciones están bajando. Te esfuerzas al máximo, pero no entiendes las matemáticas y las constantes quejas de tu madre te agobian, lo que hace aún más difícil que te concentres en tus tareas escolares.

Utilizando el método de EMPEZAR, DEJAR, CONTINUAR", podrías crear un plan parecido a este: (Apunta ideas o frases, no tienen que ser oraciones completas).

1. Objetivo a corto plazo: subir mi calificación de C a B en un mes
2. EMPEZAR:
   a. Pedirle al profesor ayuda extra y tareas para obtener créditos extra
   b. Hablar con mi mamá para conseguir un tutor
   c. Asociarme con otros estudiantes para trabajar juntos
3. DEJAR:
   a. Dejar de procrastinar
   b. Dejar de distraerme cuando las cosas tienen poco sentido durante las clases
   c. Dejar de fingir que no me importan mis calificaciones.
4. CONTINUAR:
   a. Dando lo mejor de mí
   b. Terminando todas las tareas a tiempo
   c. Seguir comprometida con mi educación

Utiliza las siguientes páginas para identificar tus objetivos y tu plan de EMPEZAR, DEJAR y CONTINUAR.

Paso 1: ¿Cuáles son mis objetivos a corto plazo?

_____
_____
_____
_____
_____
_____
_____

Paso 2: ¿Qué podría elegir para EMPEZAR a hacer?

Paso 3: ¿Qué podría elegir DEJAR hacer?

Paso 4: ¿Qué podría elegir para CONTINUAR haciendo?

Una vez que hayas creado tu plan de felicidad, independientemente de la opción que elijas, el siguiente paso es seguirlo. Da pequeños pasos consistentes a diario y empezarás a crear una perspectiva más sana y feliz y hábitos positivos para ti. Como cualquier otra cosa, con la práctica, descubrirás que es mucho más fácil centrarse en soluciones positivas en lugar de aferrarse a los malos sentimientos. Ahora tienes algunas herramientas muy sencillas pero eficaces que te devuelven el control y el poder. Lo que hagas con esto depende de ti. Espero que reconozcas cuánto poder tienes sobre tus emociones. Las cosas que solían molestarte en el pasado ya no tienen que molestarte ahora porque puedes dejarlas ir. Recuerda que mereces ser feliz y que puedes conseguirlo.

"Es posible vivir feliz en el aquí y el ahora. Hay muchas condiciones de felicidad disponibles: más que suficientes para que seas feliz ahora mismo".

~ THICH NHAT HANH

AVANCE

5 sencillos pasos para gestionar tus emociones: un diario guiado

Este diario se creó como complemento del libro 5 sencillos pasos para gestionar tus emociones. Fue diseñado para ayudarte a desarrollar una comprensión más profunda de tus estados de ánimo para que puedas hacerte cargo de tus sentimientos con facilidad.

La primera sección te ayudará a entender tus estados de ánimo, mostrándote cuáles son tus sentimientos y reacciones actuales.

La segunda sección te ayudará a rastrear, analizar y controlar tus emociones durante 21 días. ¿Por qué 21 días? Las investigaciones demuestran que se necesitan 21 días de repetición para desarrollar hábitos nuevos, en este caso, tus nuevos y mejores sentimientos y reacciones. Al completar esta sección, desarrollarás una poderosa habilidad para ser consciente de tus emociones y tomar acciones positivas para ti.

La tercera sección te ayudará a utilizar los cinco sencillos pasos presentados en el libro para dejar ir cualquier emoción no deseada.

Te mereces ser feliz contigo misma y disfrutar de relaciones felices y saludables con los demás. ¡Hagámoslo realidad!

Ejemplos de preguntas del diario

Sección uno: Entender tus emociones

- Estas son las palabras que suelo utilizar para describir mis sentimientos no deseados:
- De estos sentimientos, lo que más me cuesta es dejar ir............ porque...
- Este tipo de situaciones suelen empujarme a ese estado de ánimo:

Sección dos: Rastreo de tus emociones

- Hoy, quiero enfocarme en sentirme:
- Mis 5 acciones principales para lograr el sentimiento que deseo son:
- Si me siento molesta, me recordaré a mí misma que debo dejarlo pasar con las siguientes palabras, frases o acciones:

Sección tres: Tomar el control de tus emociones

- ¿Cuáles eran mis expectativas?
- ¿Eran mis expectativas realistas para esta situación? sí o no

- ¿Cómo puedo cambiar mis expectativas para que sean más realistas para esta situación?

Ejemplos de páginas del diario

Disponible en septiembre de 2021
¿Quieres obtener el diario completo ahora? Envía un correo electrónico a author@JacquiLetran.com y pregunta cómo."

Resérvalo ahora
Amazon.com   Amazon.es

AVANCE DEL LIBRO 2 DE 3 DE LA
SERIE SABIDURÍA PARA LAS
ADOLESCENTES

Lo haría, pero MI MENTE no me deja

¿Cuántas veces gente bien intencionada como tus padres, adultos o incluso amigos te han dicho que debes dejar de pensar o sentirte de cierta manera? Te dicen que los problemas que tienes están todos en tu cabeza. Te dicen que pares de hacer de las cosas un gran embrollo, que eres muy sensible y que no hay razón para estar nerviosa o ansiosa; y aun así lo estás. No sabes qué pensar, o cómo sentirte. Te sientes tensa y nerviosa. A otros parece que se les hace tan fácil y para ti, sin embargo, ¡la vida es tan difícil e injusta!

Tu situación podría parecer tan desesperanzada y probablemente hayas incluso concluido que simplemente "naciste de esa manera", y que no hay nada que puedas hacer para cambiar.

Pero, ¿Qué pasaría si estás equivocada acerca de esa conclusión? ¿Qué pasaría si hubiera una manera para ti en la que puedas crear los cambios que desesperadamente anhelas? ¿Qué pasaría si yo te enseñar a controlar tu mente y estar a cargo de tus pensamientos y emociones? ¿Te gustaría aprender cómo hacer eso por ti misma?

Pues mira, el poder de la mente humana es increíble. Es capaz de crear experiencias trágicas y también es capaz de crear las felices y exitosas. Podría no sentirse de esa manera en este momento, pero sí puedes escoger qué experiencias de vida tendrás. Una vez aprendas maneras fáciles, pero muy efectivas, de hacerte cargo de tu mente, verás que tienes el poder de crear la vida que quieres y deseas. El poder de crear cambios positivos permanentes está a tu disposición sin importar por lo que estés pasando en este momento. Así que para de gastar tu tiempo y energía en aquellas viejas e inservibles emociones y pensamientos. Hoy es el día para cambiar tus experiencias de vida.

Este libro te enseñará a:
- Desafiar tus antiguos patrones de creencias negativas.
- Detener pensamientos y sentimientos dañinos.
- Crear experiencias de vida positivas por ti misma.
- Mantenerte calmada y en control ante cualquier situación.
- Desencadenar el poder de tu mente para crear la vida que deseas y te mereces.

El viaje hacia la felicidad de cada quien inicia con la convicción de que la felicidad es posible. Aun si tus experiencias personales te han llevado a pensar que estás destinada a tener una vida difícil, llena de estrés, ansiedad e infelicidad—te mostraré que tienes otras opciones. Puedes aprender a creer que la felicidad es posible para ti. En este libro, te mostraré cómo tomar el control de tu mente para superar tus obstáculos y problemas. Te enseñaré principios simples pero poderosos para fortalecer tus propias creencias, las cuales te lleven a una base sólida de felicidad y éxito, de manera que la próxima vez que alguien te pregunte, "¿Por qué no puedes simplemente controlarte?" puedas sonreír y agradecerle por el gentil recordatorio e instantáneamente retomar el control de tus pensamientos y emociones. Tú eres la clave para tu propio éxito y felicidad.

Ahora cierra tus ojos e imagina por un momento cuan maravillosa sería tu vida una vez hayas entendido completamente cómo controlar tus pensamientos, sentimientos y acciones. Si estás lista para hacer de ese sueño de vida tu realidad, te exhorto a que leas este libro con una mente abierta y la voluntad de intentar algo nuevo. Prepárate para ser sorprendida de lo rápido que puedes hacerte cargo de tu vida ahora.

Disponible en julio de 2021
Resérvalo ahora
Amazon.com   Amazon.es

AVANCE DEL LIBRO 3 DE 3 DE LA
SERIE PALABRAS DE SABIDURÍA
LAS ADOLESCENTES

Libera tu CONFIANZA y aumenta tu AUTOESTIMA

¿Sientes a menudo que otras personas son mejores que tú? ¿Te parece que son más despreocupados, más extrovertidos y más seguros de sí mismos? Hacen amigos con facilidad y parece que siempre les ocurren cosas buenas. Son divertidos, ingeniosos y llenos de encanto. Donde quiera que vayan, la gente se siente atraída por ellos. Hacen lo que quieren y dicen lo que piensan.

Estos rasgos positivos y agradables parecen ser algo natural para ellos. Pero para ti, la vida está llena de ansiedad, miedo y dudas.

¿Cuál es su secreto? ¿Cómo pueden hablar con cualquier persona de cualquier cosa con facilidad, mientras que a ti te cuesta mucho estar en presencia de otros, y mucho más mantener una conversación?

Sueñas con ser diferente. Sueñas con sentirte cómoda en tu propia piel. Sueñas con crear relaciones significativas, ir a por lo que quieres con confianza y sentirte feliz y satisfecha con tu vida diaria. Pero el miedo y las dudas sobre ti misma pueden estar frenándote, haciendo que te sientas atrapada e impotente para cambiar tu situación. Te sientes triste, sola e insegura de ti misma y de tu vida.

¿Y si hubiera una forma de cambiar todo eso? ¿Y si pudieras destruir tu miedo y tus dudas y ser fuerte y segura de ti misma? ¿Cómo sería si pudieras enfrentarte a cualquier situación con entusiasmo, valor y confianza? Imagina cómo sería tu vida y lo que podrías conseguir.

Imagínalo...

Te contaré un pequeño secreto: Ese entusiasmo, valor y confianza que admiras en los demás son habilidades que puedes aprender.

Claro que hay algunas personas para las que estos rasgos son naturales; pero si no has nacido con ellos, puedes aprenderlos. El caso es que puedes aprender a cambiar tus pensamientos negativos, destruir tu miedo y tus dudas, e ir a por lo que quieras con confianza. Puedes aprender a sentirte cómoda en tu propia piel y estar completamente a gusto mientras te expresas.

Has nacido con unos poderes increíbles dentro de ti, poderes a los que me gusta referirme como Superpoderes Internos. Si los aprovechas, estos Superpoderes Internos te ayudarán a ser feliz, resistente y exitosa en la vida. El problema es que no has sido consciente de que existen, ni de cómo utilizarlos.

Puede que hayas visto un indicio de ellos aquí y allá, pero no has reconocido su poder ni has tenido fe en tus poderes. Si no sabes cuáles son tus Superpoderes Internos, ¿cómo puedes aprovecharlos de forma consistente y lograr los resultados que quieres y mereces?

En este libro, aprenderás:
- Los siete Superpoderes Internos que garantizan que vencerás tus miedos y dudas.
- Crear un fuerte sentido de autoestima y una confianza inquebrantable.
- Herramientas fáciles de usar para cambiar tus pensamientos negativos por pensamientos potenciadores.
- Cómo conectar y fortalecer tus Superpoderes Internos.
- Cómo aprovechar y liberar tus Superpoderes Internos siempre que lo desees.
- Cómo vivir con todo tu poder y ser feliz, confiada y exitosa en la vida, ¡y mucho más!

Tienes muchos Superpoderes Internos que te hacen maravillosa en todos los sentidos. En este libro, he elegido compartir siete ISP específicos porque estos siete son tu mejor apuesta para destruir el miedo y la duda sobre ti misma; y para crear una autoestima duradera y una confianza inquebrantable.

Hay mucho escrito sobre cada uno de estos Superpoderes Internos y cada uno de ellos puede ser un libro independiente. Sin embargo, sé que tu tiempo es valioso y que tienes otras responsabilidades y actividades que atender. Por lo tanto, verás que estos capítulos son breves y directos al punto.

Presentaré suficiente información para que entiendas tus Superpoderes Internos sin atascarte con demasiada información. Al leer este libro y completar las actividades dentro de cada sección, aprenderás a aprovechar estos Superpoderes Internos de manera constante, aprovecharlos y liberarlos cuando quieras. Podrás aprender a ir tras lo que quieres con confianza y crear esa vida feliz y exitosa con la que has estado soñando

Disponible en agosto de 2021
Resérvalo ahora
Amazon.com   Amazon.es

Sobre el autor

Queridos lector:
Si eres una adolescente que lucha con mucho estrés, ansiedad, baja autoestima, inseguridad o síntomas depresivos, quiero que sepas que no estás sola. Lo sé porque yo misma he pasado por ello. Mi nombre es Jacqui Letran y tengo dieciséis años de experiencia ayudando a miles de jóvenes, ¡sé que puedo ayudarles!
Sé que estás frustrada, asustada y sola; yo también lo estuve. También sé que la confianza, el éxito y la felicidad se pueden lograr porque yo me he liberado satisfactoriamente de esas antiguas emociones y he abrazado mi vida con entusiasmo, confianza y gozo. Mi meta es ayudarte a comprender el poder de tu mente y mostrarte cómo puedes dominarla de manera que puedas superar tus problemas y adentrarte en la magnificencia de tu propio ser, justo como yo lo hice—y justo como otros miles de adolescentes lo han hecho al utilizar estas mismas técnicas.
Quién soy y por qué me importas…
Mi vida era bastante fácil y despreocupada hasta que llegué a mi adolescencia. ¡De la noche a la mañana, parecía que todas mis amigas se habían transformado de niñas a mujeres! Empezaron a usar maquillaje y a vestirse con ropas caras y sexys; coqueteaban con chicos, algunas incluso alardeaban del chico mayor con el que salían frente a mí. Yo, por el contrario, quedé atrapada en mi cuerpo de

niña. Y bajo las reglas de mi madre súper estricta, el usar maquillaje, ropa sexy o tener citas no eran opciones para mí.

Me sentía diferente y aislada—rápidamente perdí a todas mis amigas. No sabía qué decir o cómo comportarme con los demás. Me sentía rara y dejada atrás como si no perteneciera a ninguna parte. Simplemente ya no encajaba. Me volví más y más retraída y me preguntaba qué estaba mal conmigo. ¿Por qué no me había convertido en mujer como todas mis amigas? ¿Por qué la vida era tan difícil e injusta?

- **Culpé a mi mamá por mis problemas.** Pensé: "Si mi mamá no fuera tan estricta, me permitiría tener citas y tener ropa bonita y sexy". Por lo menos encajaría entonces y todo sería perfecto.
- **Me sentí muy enojada también.** Mi vida había tomado un giro hacia lo peor—pero a nadie parecía importarle o aun notarlo. Empecé a faltar a la escuela, fumar y meterme en peleas. Caminaba con aires de superioridad y una actitud de "poco me importa".
- **Me sentía invisible, sin importancia y sin valor.** Muy en el fondo, yo solo quería ser aceptada como era. Quería encajar. Quería ser amada.

Creí que mis deseos se habían cumplido cuanto tenía dieciséis. Conocí a un hombre que era cinco años mayor que yo. Él derramó su amor y cariño por mí y me hizo sentir como si fuera la persona más importante sobre la tierra. Seis meses después había dejado el colegio, estaba embarazada y vivía de ayuda social. Me sentí más aislada de lo que nunca antes me había sentido. A donde fuera, me sentía juzgada y menospreciada. Me sentía desolada y estaba segura de que

mi vida se había acabado; no tenía futuro. Sabía que estaba destinada a vivir una vida miserable.
Me sentía verdaderamente sola en el mundo.
Excepto que no estaba sola; tenía un bebé creciendo dentro de mí. El día que di a luz a mi hijo y vi su rostro angelical supe que estaba en mí romper ese ciclo de pensamientos y acciones autodestructivas.
¡Allí fue cuando todo cambió!
Empecé a leer cada libro de autoayuda que pudiera conseguir. Estaba en una misión de descubrimiento personal y amor propio. Poco a poco me deshice de esas antiguas creencias que me impedían verme a mí misma como alguien capaz, inteligente y hermosa.

Entre más me alejaba de aquellas viejas creencias, más confiada me volvía y más capaz de lograr mis objetivos. Fue una lección poderosa sobre cómo el cambiar mis pensamientos cambió mi vida en realidad.

Seis años después, a la edad de veintitrés años, obtuve mi maestría en enfermería y me convertí en enfermera practicante. Desde entonces, he dedicado más de dieciséis años de mi vida trabajando en la salud de los adolescentes. Me sentí muy afortunada de poder usar mi don y pasión para ayudar a los adolescentes a crear una confianza irrefrenable y para capacitarlos para adentrarse en sus grandezas y hacerse cargo de sus futuros.

Al reflexionar sobre mis años de adolescente, me di cuenta de cómo jugué un papel importante al determinar mis experiencias de vida. Mi inseguridad me paralizó para tomar medidas, reforzando así mi creencia errónea de que era de alguna manera diferente o inferior.

Sabía que tenía que compartir este conocimiento para capacitar a otros adolescentes y así evitar un poco del dolor por el que yo personalmente pasé.

En mi carrera de más de veinte años de especialización en la salud adolescente, yo he:

- Establecido, sido dueña y operado Teen Confidence Academy (Academia de Confianza Juvenil), especializada en ayudar a los adolescentes a superar el estrés, la ansiedad y síntomas depresivos sin medicación o terapias tradicionales a largo plazo,
- Establecido, sido dueña y operado múltiples localidades del "Teen Choice Medical Center",
- Llegado a ser oradora y autora de fama internacional,
- Educado ya apoyado a miles de adolescentes para superar el estrés, la ansiedad y síntomas depresivos,
- Criado a un joven amoroso, inteligente, y confiado (él es mi orgullo y alegría) y,
- Completado una formación de posgrado en métodos integrales y alternativos de salud y curación.

Me apasiona profundamente el ayudar a los jóvenes a despojarse de sus barreras para que puedan ver la belleza y la grandeza dentro de sí mismos. Creo que todos merecemos una vida llena de salud, amor y felicidad. También creo que cada persona tiene dentro de sí todos los recursos necesarios para alcanzar una vida bella y plena.

En mi juventud, cuando pasaba por mis problemáticos años de adolescencia, necesité un lugar para ser orientada, donde pudiera aprender, reflexionar y crecer; un lugar donde pudiera sanar y tener una perspectiva adecuada y saludable de mí misma, así como del mundo a mi alrededor.

SOBRE EL AUTOR | 115

No tuve esa opción en ese entonces, o por lo menos no supe dónde encontrarla.

Es por ello que inicié Teen Confidence Academy, y es por ello que ahora les escribo este libro.

¿Cómo puedo ayudarte?

¿Y si te digo que la llave para el éxito eres TÚ? ¿Qué todo lo que necesitas ya está dentro de ti?

El éxito comienza contigo, pero si no estás consciente de lo que te retiene, ¿cómo puedes seguir adelante? Y si no te dan técnicas sencillas y fáciles de emplear que te ayuden a descubrir qué es lo que te retiene, ¿cómo vas a superar tus problemas y a cambiar?

Miles y miles de adolescentes están viviendo en una desesperación silenciosa justo ahora y no les han mostrado la clave de su éxito. Mi objetivo al escribir este libro es enseñarte a comprender tu mente de manera que puedas controlar tus pensamientos, sentimientos y acciones. Eres mucho más poderosa de lo que crees. Al desatar el poder de tu mente, puedes estar a cargo de crear la vida que deseas y te mereces. Mereces ser exitosa y feliz en la vida. ¡Hagamos que eso suceda!

Jacqui Letran

www.JacquiLetran.com

Agradecimientos

Me gustaría expresar un sincero agradecimiento a mi mejor amigo y marido, Joseph Wolfgram. Sin su amor, sus interminables horas de revisión y su apoyo, este libro no habría sido posible. Gracias por escucharme pacientemente hablar de este libro sin parar.

A mi hijo, Alan Letran, gracias por ser mi mayor maestro de vida y una fuente de amor infinita.

A mi familia, gracias por creer en mí y animarme. Significa mucho para mí tener vuestro amor y apoyo.

A todos mis clientes, maestros y mentores, ya sea en una relación profesional o en experiencias de vida, un gran agradecimiento por formar parte de mi vida. Vuestra presencia en mi vida me ha ayudado a crecer y a transformarme de una niña asustada en una mujer segura, sana y feliz.